# FRANCE ET ANGLETERRE

—

## QUESTION D'ORIENT.

—

### ACTUALITÉ.

—

Par le Colonel MARNIER.

BOURGES,

Imprimerie de P.-A. MANCERON.

—

1854.

# FRANCE ET ANGLETERRE.

—

## QUESTION D'ORIENT.

—

### ACTUALITE.

—

Il est incontestable que le gouvernement anglais est, de l'Europe, celui qui a toujours été le mieux instruit de ce qui se passait dans tous les pays. La raison en était bien simple ; on rencontrait partout des Anglais qui, sous le titre de négocians ou d'artistes, ou de simples promeneurs, connaissant la langue française tout en affectant de ne la point parler ni même de la .comprendre, n'en parcouraient pas moins les villes importantes du littoral maritime, exploraient les côtes, s'introduisaient dans les points fortifiés dont ils reconnaissaient l'armement, et obtenaient toutes les informations qui pouvaient devenir utiles à leur gouvernement.

Les Russes, les Prussiens, les Autrichiens, les Suédois et les Danois faisaient de même. Toutes ces puissances (outre des officiers d'un grand mérite, attachés aux ambassades), expédiaient, à titre de simples touristes, des militaires distingués qu'elles chargeaient d'explorer nos établissements militaires, les progrès de nos différentes armes. Présentés par leurs ambassadeurs dans nos cercles, ils y nouaient certaines relations à l'aide desquelles ils se procuraient sans peine les renseignements qu'ils pouvaient désirer. A la vérité, le gouvernement accueillait avec la plus grande affabilité ces officiers, auxquels tous les établissements étaient ouverts.

Il résulte de cette manière d'agir de ces diverses puissances, que rien ne leur est inconnu chez nous, même ce qu'il serait peut-être d'une bonne politique de ne pas divulguer.

Nous nous demandons si un tel système est suivi en France? Nous ne craignons pas de faire une réponse presque négative.

En remontant à la période de l'empire, et même plus

loin, on ne saurait contester que l'entente qui régnait, avant 1789, entre Louis XVI et les différents souverains de l'Europe, ne démontrait pas la nécessité d'envoyer des émissaires comme nous le signalons ; mais, de grands seigneurs voyageant pour leurs plaisirs ne quittaient jamais la cour sans emporter des instructions secrètes ; l'histoire, et au besoin les cartons des différents ministères attestent les avantages qui résultaient de ces ambassades occultes. Plusieurs grandes dames s'acquittèrent avec succès de ces missions déguisées.

Dès son avénement à l'Empire, Napoléon sentit la nécessité de recevoir des données certaines sur l'étranger. L'Empire avait peu d'alliés alors, ce qui augmentait les difficultés. Cependant, sous le point de vue militaire, les rapports lui arrivaient d'autant plus facilement, que presque tous nos ambassadeurs étaient pris parmi nos généraux, et que bon nombre d'officiers distingués les accompagnaient.

Mais ce dont nous pouvons parler et dont nous avons été témoin, avait une très-haute importance.

L'Empereur usa d'un moyen politico-diplomatique en dehors de Fouché, son ministre de la police, qui en était désespéré. Il existait dans Paris des hommes habiles, connus par leurs opinions politiques fort tranchées et souvent opposées. Fouché les avait signalés à l'Empereur ; les notes biographiques sur ceux-ci, mises sous les yeux de Sa Majesté, le fixèrent sur ce qu'il pouvait attendre de chacun d'eux. d'abord quatre ou cinq, puis huit à dix et même jusqu'à douze furent mystérieusement gagnés : ils eurent mission de dresser des rapports mensuels sur des questions indiquées ; l'un devait s'occuper de l'Angleterre, d'autres de la Russie, de l'Allemagne, de l'Italie. Cette façon de procéder échappait à la compétence immédiate de la diplomatie aussi bien qu'à celle du ministère de la police ; il s'agissait là d'un travail dirigé tout droit vers l'Empereur et dont il ne restait aucune trace administrative.

Chaque rapport était payé comptant (1,000 fr. et plus) ; seulement si l'Empereur y remarquait un caractère de complaisance ou quelques absences de franchise, l'auteur était suspendu ou remercié. La plus légère indiscrétion suffisait pour qu'on se privât de ses services. Fouché ayant fini par connaître cette diplomatie du cabinet particulier de l'Empereur, parvint à surprendre quelques secrets, dont il voulait s'attribuer le mérite ; mais il n'osa y revenir ; l'Empereur lui recommanda sévèrement de s'en tenir à son devoir et de ne toucher en rien à ce qui relevait du maître.

Les rédacteurs des mémoires dont je parle eurent aussi pour mission d'éclairer l'Empereur sur les diverses opinions de l'intérieur de la France et principalement de Paris. Ils citaient les noms et tout ce qui pouvait intéresser particulièrement Sa Majesté.

Le jour venu, ces mémoires étaient remis à l'Empereur ; ils ne devaient pas contenir plus de quatre pages. L'Empereur, retiré le soir dans son cabinet, avec une personne de sa confiance, tels que Savary, Rapp, Duroc, Fain ou Menneval, parcourait en silence les différents rapports, dictait quelques remarques pour en tirer parti à l'occasion ; puis après lecture faite il les jetait au feu tour-à-tour, non sans donner des ordres pour que tel ou tel rédacteur eût désormais soit à continuer, soit à s'abstenir.

Puisque je viens de citer les noms de quelques intimes qui possédaient toute la confiance de l'Empereur, c'est le cas de rappeler que S. M. faisait un cas tout particulier de ceux qui lui parlaient avec franchise. Le général Rapp fut du petit nombre de ceux qui ne craignaient pas de lui dire certaines vérités qui ne fussent jamais arrivées jusqu'à lui. Combien de grands dignitaires de l'Empire, de ministres, de maréchaux, de généraux, etc., ne furent que des flatteurs qui tâchaient de pénétrer dans la pensée de l'Empereur pour émettre une opinion semblable à la sienne !

Ce qui prouve que Napoléon aimait et voulait entendre la vérité, ce sont ces séances du conseil d'État qu'il présidait toujours et où il ordonnait à chacun de dire librement son opinion ; lui-même ouvrait la discussion, et souvent, après une lutte de plusieurs heures, il s'avouait vaincu. Grand enseignement !

« Je suis souvent heureux, disait-il, au sein de
» mon conseil d'Etat, que je puis nommer véritable
» conseil de famille ; à la vérité, j'ai souvent maille à
» partir avec quelques vigoureux mais consciencieux
» lutteurs ; mais au moins j'entends des vérités ; au lieu
» que, parmi mon entourage, je ne vois que des cour-
» bettes jusqu'à terre ; on m'accable de plates flatteries
» qui seraient fort dangereuses pour tout autre que
» moi qui ai appris, quelquefois à mes dépens, à juger
» les hommes. »

Eh ! mon Dieu, les courtisans sont généralement
flatteurs, dans leur intérêt personnel ; c'est une profession
tout comme une autre ; elle est d'autant plus agréable à
exercer, qu'elle attire les bonnes grâces de celui qu'on
encense. Tous ont lu Gilblas dont ils redoutent la même
disgrâce, s'ils osaient dire des vérités qui pussent dé-
plaire le moins du monde.

Mon intimité avec le général Rapp a pu me mettre
au courant de cette nature de travail qui, en 1815,
reprit un nouvel essor.

Tandis que nous étions à Strasbourg (avant Waterloo), nous vîmes passer et repasser quelques-uns
de nos amis, qui avaient été envoyés à l'étranger,
entr'autres le comte de Montrond, l'un des familiers
du prince Talleyrand, alors à Vienne. Nous possédions
aussi autour de nous, sur la rive droite du Rhin, des
émissaires Autrichiens, des Prussiens, entr'autres un

général autrichien qui était mystérieusement établi à Kiel et avec lequel j'eus plusieurs conférences. Si la bataille de Waterloo eût été gagnée, j'avais toutes prêtes des dépêches cachetées que je devais immédiatement porter à l'empereur d'Autriche et à l'impératrice Marie-Louise auxquels elles étaient adressées Le général autrichien dont je parle m'eût facilité le voyage, car il était muni des pouvoirs spéciaux de son gouvernement.

Il est regrettable, à mon sens, que les ministres qui se sont succédés sous les différents gouvernements, depuis l'Empire, n'aient pas suivi ou plutôt indiqué aux chefs régnants une telle marche à suivre.

Au nombre des titulaires de porte-feuilles qui ont fonctionné sous la restauration et pendant la dynastie de juillet, il en est trois dont j'étais connu, aimé et estimé, avec lesquels j'avais mon franc parler, peut-être parce que j'avais été l'ami du général Rapp dont on savait la franchise et le savoir faire : ce sont le duc de Richelieu, le maréchal Victor et le maréchal Soult.

Le duc de Richelieu me demanda un travail sur toutes les questions que je viens d'aborder, et lorsqu'il était disposé à le mettre en usage, la disgrâce vint le frapper. Le maréchal Victor fit honneur à mes avis pour ce qui concernait son ministère, mais son successeur inclina vers une autre marche. Le maréchal Soult voulut établir un large plan ; je dressai un mémoire étendu, qu'il discuta longuement, qu'il approuva et désapprouva tour-à-tour ; puis, alors que j'eus satisfait ses intentions, il s'en alla trouver le roi Louis-Philippe qui sanctionna, mais en se préoccupant de savoir sur quel budget seraient imposés les 5 ou 400,000 fr. que j'avais jugés nécessaires pour les débuts, c'est-à-dire en affectant cette somme, qui paraissait considérable, aux besoins de la première année seulement.

J'avais eu soin de faire connaître les moyens d'y pourvoir par de très simples réductions sur le personnel de quelques ambassades.

On recula devant la dépense, on préféra rétribuer largement les loisirs de beaux-fils, de parents ou amis de MM. les gens de cour, ces frelons superflus de la diplomatie qui, par leur incapacité, leur suffisance et leur légèreté, formaient de dangereux entourages pour les ambassadeurs.

Pour ce qui regardait les rapports purement militaires, lorsque j'étais chargé au ministère de la guerre de la statistique des armées étrangères, je n'eus réellement qu'à enregistrer les données venues de nos légations, qui toutes étaient parfaitement identiques avec les documents des almanachs des cours étrangères, quant aux renseignements secrets de l'intérieur, non cependant dépourvus d'une certaine importance. Les rois Louis XVIII, Charles X et Louis Philippe s'entretenaient chaque jour une fois ou deux avec le préfet de police. Dans les conférences, se mêlaient souvent les récits de quelques mystérieuses aventures qui égayaient fort leurs Majestés.

Du dehors, c'étaient des messages confidentiels qui instruisaient le roi. Sa Majesté avait cependant quelques affidés qui allaient tantôt à Pétersbourg, à Vienne, à Frosdorff, comme aussi en Afrique, et qui revenaient avec un portefeuille bien garni d'observations ; il faut le dire, assez souvent insignifiantes.

Je ne me permettrai pas de blâmer le système employé par le gouvernement actuel, je l'ignore ; mais je suis convaincu que si la combinaison du premier Empire a été reprise, nous devons connaître l'armée russe par exemple dans sa force, dans son matériel et dans son personnel, comme si l'œil d'un stratégiste exercé l'avait inspectée.

Quant à la marine, dont l'important ministère est entre les mains de M. Théodore Ducos, qui joint à la plus haute capacité un coup d'œil sûr et rapide, et surtout une volonté énergique d'exécution, nous savons qu'elle possède par-devers elle les renseignements les plus positifs sur le nombre exact des vaisseaux ennemis, le plan de chacun de ses ports, celui de chaque relâche, les sondes, etc., tout a été recueilli avec le plus grand soin long-temps avant qu'il fût question du conflit actuel.

Aussi chacun a vu avec quelle promptitude, nos

vaisseaux ont embarqué les premiers 20,000 hommes destinés pour Constantinople, où ils arrivent en ce moment. C'est bien le cas de dire : honneur au ministre qui n'oublie pas cet adage :

*Si vis pacem para bellum.*

Ainsi, la mer Baltique, explorée avec la plus grande intelligence par un nombre considérable de caboteurs, nous est parfaitement connue. Les pilotes interrogés sur les lieux ont completé les renseignements indispensables.

La mer Noire, qui était moins facile à sillonner, n'est déjà plus un mystère pour nous, car nous y avons fait des études analogues à celle de la Grande-Bretagne, cette reine des mers.

## CONCLUSION.

Il m'est parfaitement démontré que, d'après les innombrables et très-sérieux armemens des puissances française et anglaise, la Russie n'aura nul moyen de sauver ses flottes, ni même aucun de ses établissemens maritimes.

Les personnages les plus éminents de ce pays s'y attendent ; et il faut toute l'obstination, tout l'orgueil, tout l'aveuglement de l'empereur Nicolas, pour ne pas ouvrir les yeux sur les désastres qui vont fondre sur lui, et faire reculer d'un siècle peut-être son importance navale.

Ma conviction est bien arrêtée que, selon moi, le Czar, après avoir vainement épuisé près de l'Autriche et de la Prusse toutes les ressources et les dévouements des hommes politiques les plus habiles de son gouvernement, pour amener ces deux puissances à se déclarer pour sa cause, se décidera à se mettre en contact direct avec la Porte-Ottomane, et essayera de traiter avec le sultan ; système qui, habilement conduit, pourrait suspendre l'élan des flottes anglo-françaises, si la Turquie se prêtait aux ouvertures de la Russie. (1)

L'empereur Nicolas sauvegarderait en partie son honneur en négociant avec le sultan, auquel il pourrait même faire des concessions plus larges qu'aux trois puissances réunies. Il faut bien se garder de se laisser prendre à cette tactique ; l'autocrate se déjugera difficilement ; il a promis à son armée, à son peuple, la conquête de Constantinople, comme il l'avait annoncée en 1828, avant le traité d'Andrinople ; cette fois encore, il pourrait saisir un prétexte pour ajourner les plans de son ambition ; mais y renoncer...., jamais !

_________

(1) Nos ambassadeurs ont prévu ce cas désormais impossible.

Abandonné par l'Autriche et la Prusse, sur la coopération armée desquels il comptait, il ne désespère peut-être pas encore de trouver un expédient pour rompre l'entente cordiale qui existe entre l'Angleterre et la France ; il envisage les périls de sa marine, menacée d'une destruction complète. Défions-nous de lui, de tous ses projets, des offres qu'il tentera peut-être avec les fallacieux dehors de la *sincérité moscovite*.

Je le répète, il a attaqué notre allié ; il s'est emparé d'une partie de son territoire ; il a traîtreusement incendié ses vaisseaux..... Il faut punir sa déloyauté, raser Sébastopol et Cronstadt ; repousser ses réserves au-delà de la Crimée, porter le fer et le feu jusqu'à Pétersbourg.

Nous sommes dans le grand courant .... ; attendre n'est plus possible ; il faut donc marcher, et surtout marcher vite !

JULES MARNIER.